ANALIZA KSIĄŻKI

AF126383

Mężczyźni, którzy nienawidzą kobiet

· · · · · · · · · · · · · · · · ·

Stieg Larsson

ANALIZA KSIĄŻKI

Napisany przez Daphné de Thier
Przetłumaczony przez Kâmil Kowalski

Mężczyźni, którzy nienawidzą kobiet

Stieg Larsson

STIEG LARSSON

SZWEDZKI DZIENNIKARZ I PISARZ

- **Urodzony w Skelleftehamn (Szwecja) w 1954 r.**

- **Zmarł w Sztokholmie w 2004 r.**

- **Godne uwagi prace:**

  - *Mężczyźni, którzy nienawidzą kobiet* (2005), powieść

  - *Dziewczyna, która igrała z ogniem* (2006), powieść

  - *Zamek z piasku, który runął* (2007), powieść

Stieg Larsson (1954-2004), szwedzki dziennikarz i założyciel magazynu *Expo,* zyskał międzynarodową sławę dzięki trylogii *Millennium,* która została wydana pośmiertnie w latach 2005-2008. Stieg Larsson był autorem, o którym niewiele wiemy, gdyż zmarł nagle w 2004 roku, krótko po oddaniu rękopisu swojemu redaktorowi. W Szwecji znany był głównie z dziennikarskiej pracy śledczej oraz z zaangażowania w walkę ze skrajną prawicą i rasizmem, za co otrzymał wiele gróźb śmierci. Jego nagła śmierć stworzyła tajemnicę wokół jego twórczości i przyczyniła się do sukcesu powieści. Trylogia *Millennium* jest jego jedynym dziełem beletrystycznym. Istnieje jeszcze czwarty manuskrypt, przechowywany przez wdowę po nim, który nigdy nie zostanie opublikowany.

MĘŻCZYŹNI, KTÓRZY NIENAWIDZĄ KOBIET

SAGA KRYMINALNA OPARTA NA KRYTYCE SPOŁECZNEJ

- **Gatunek:** powieść

- **Wydanie referencyjne:** Larsson, S. (2008) *The Girl with the Dragon Tattoo*. Trans. Keeland, R. New York: Alfred A. Knopf, Inc.

- **Wydanie pierwsze:** 2005 r.

- **Tematy:** przemoc, donos, śledztwo, morderstwo, kapitalizm, korupcja

Mężczyźni, którzy nienawidzą kobiet zostało wydane w Szwecji w 2005 roku. Powieść opowiada historię Mikaela Blomkvista, dziennikarza ekonomicznego, który rozpoczyna śledztwo w sprawie zaginięcia, które miało miejsce 37 lat wcześniej. Jego śledztwo doprowadzi go w końcu na trop wciąż działającego mordercy.

Mężczyźni, którzy nienawidzą kobiet tworzy trylogię *Millennium*, wraz z *Dziewczyna, która igrała z ogniem* i *Zamek z piasku, który runął*. Wkrótce po wydaniu saga odniosła fenomenalny sukces. Została przetłumaczona na ponad 25 języków i sprzedała się w milionach egzemplarzy na całym świecie. Świat kina szybko podchwycił tę historię i w 2009 roku do kin trafiły szwedzka i amerykańska adaptacja.

PODSUMOWANIE

PROLOG

Jak co roku od prawie 40 lat, Henrik Vanger otrzymuje na urodziny tajemniczy prezent: zasuszony kwiat w pudełku. Dzwoni do jednego ze swoich przyjaciół, byłego kuratora, aby przekazać mu tę wiadomość. Tożsamość nadawcy nigdy nie została odkryta.

ŚLEDZTWO W SPRAWIE ZAGINIĘCIA HARRIET

W Sztokholmie dziennikarz Mikael Blomkvist zostaje skazany za zniesławienie po artykule, który napisał, by poinformować o oszustwie popełnionym przez wielkiego przemysłowca Hansa-Erika Wennerströma.

Dragan Armanskij, kierownik firmy ochroniarskiej Milton Security, organizuje spotkanie ze swoją najlepszą śledczą, nieco dziwną i nietowarzyską młodą kobietą, Lisbeth Salander, oraz prawnikiem, Dirchem Frode, w sprawie śledztwa, które prowadziła na temat Mikaela Blomkvista. Prawnik chce, by poprowadziła drugie śledztwo w sprawie Wennerströma.

Mikael Blomkvist spotyka Erikę Berger, która od 20 lat jest jego przyjaciółką i okazjonalną kochanką, z którą założył magazyn *Millennium*. Wspólnie decydują, że Mikael zostanie na jakiś czas odsunięty od kierowania magazynem i przekaże go Erice. Wspólnie kończą noc.

Dirch Frode dzwoni do Mikaela z informacją, że jego klient, Henrik Vanger, były prezes imperium przemysłowego, chce się z nim spotkać, by zaproponować mu pracę. Po noworocznych przyjęciach dziennikarz udaje się do domu Henrika na wyspie Hedeby. Praca, którą mu proponuje, polega na napisaniu książki o historii jego rodziny i wykorzystaniu tego pretekstu do próby rozwiązania sprawy morderstwa jego wnuczki, Harriet, która w tajemniczy sposób zniknęła 37 lat wcześniej. Opowiada mu okoliczności jej zniknięcia.

Mikael ogląda zdjęcia z dnia zaginięcia, a Henrik pokazuje mu suszone kwiaty, które otrzymuje co roku. Proponuje Mikaelowi pracę przez rok, a w zamian przekaże mu kompromitujące informacje o Wennerströmie. Mikael zgadza się, przenosi się na wyspę Hedeby i rozpoczyna badania nad rodziną Vangerów.

Lisbeth czyta artykuł Mikaela na temat Wennerströma. Postanawia włamać się do domu przemysłowca i zrobić zdjęcia jego instalacji elektrycznej. Następnie kupuje materiały od hakera.

Dowiadujemy się, że młoda kobieta jest pod opieką prawną od dzieciństwa, które spędziła w zakładzie psychiatrycznym. Musi poznać swojego nowego opiekuna, Advokata Bjurmana. Niestety, ich spotkanie przebiega źle: Bjurman jest nietaktowny. W następstwie tego staje się zbyt gorliwy i zmusza ją do aktów seksualnych w zamian za wydanie jej pieniędzy.

Tymczasem Mikael poznaje członków rodziny Vangerów, którzy mieszkają na wyspie Hedeby, a także kuratora, który zajmował się sprawą zaginięcia Harriet. Dowiaduje się, że w marcu trafi do więzienia i jest załamany. Erika przychodzi do niego i mówi mu, że od czasu procesu w magazynie *Millennium* nie dzieje się dobrze. Spotykają się z Henrikiem, który ma zostać współwłaścicielem pisma, aby utrzymać je na powierzchni.

Lisbeth postanawia nie składać skargi na Bjurmana i sama się nim zająć. Wymyśla plan, który chce zrealizować podczas spotkania w jego domu, ale sytuacja wymyka się spod kontroli: jest gwałcona i torturowana przez całą noc. W następnym tygodniu wraca jednak do domu swojego oprawcy, zdobywa nad nim przewagę i szantażuje go filmem ze sceny gwałtu, który nagrała za pomocą ukrytej kamery.

Mikael rozpoczyna sekretny romans z Cecilią Vanger, jednocześnie kontynuując swoje śledztwo w sprawie historii rodziny. Następnie trafia do więzienia.

POŁĄCZONE SPRAWY

Po dwóch miesiącach Mikael wychodzi z więzienia i wraca do Hedeby. Cecilia kończy ich romans. Podczas poszukiwania zdjęć pochodzących z dnia zniknięcia Harriet, odkrywa nowe informacje, które prowadzą go do morderstw, związanych z fragmentami Biblii, dokonywanych na kobietach.

Henrik ma atak serca i zostaje odwieziony do szpitala. Mikael nadal chce kontynuować śledztwo, ale potrzebuje asystenta do przeprowadzenia badań nad morderstwami. Dirch Frode proponuje mu współpracę z Lisbeth przy tej sprawie. Ona się zgadza. Po powrocie do Hedeby Mikael zauważa, że ktoś przeszukał jego dom podczas jego nieobecności.

Henrik wraca do zdrowia po ataku serca, a Mikael kontynuuje badania nad fotografiami i odkrywa nowe informacje. Lisbeth odkrywa również inne kobiety, które zostały zamordowane i mówi o tym Mikaelowi. Mikael dowiaduje się również, że niektórzy członkowie rodziny Vangerów chcą go powstrzymać przed badaniem ich przeszłości.

Upewnia się, że Lisbeth będzie zaangażowana przez cały czas trwania jego śledztwa. Bardzo szybko zbliżają się do siebie i rozpoczynają związek. Pewnej nocy odkrywają przed drzwiami szczątki okaleczonego kota, a wkrótce potem, podczas joggingu, Mikael zostaje postrzelony, ale udaje mu się uciec. Lisbeth instaluje w domu system bezpieczeństwa.

Lisbeth i Mikael zdają sobie sprawę, że mordercą wszystkich tych kobiet jest w rzeczywistości Martin Vanger, brat Harriet. Mikael idzie sam do jego domu, ale Martin grozi mu bronią i zamyka go w piwnicy.

WYJAŚNIENIE ZDARZEŃ

Martin wyjaśnia Mikaelowi, że to jego ojciec nauczył go o mordowaniu kobiet. Lisbeth orientuje się, że Mikael poszedł do domu Martina. Pojawia się więc w piwnicy, nokautuje Martina i ratuje Mikaela. Martin ucieka swoim samochodem i zabija się wjeżdżając w ciężarówkę.

Aby kontynuować swoje śledztwo, Mikael i Lisbeth udają się do Londynu, by z pomocą przyjaciół hakerów Lisbeth szpiegować Anitę Vanger. Dowiadują się, że Anita dzwoni do kogoś w Australii. Mikael rezerwuje lot, ale Lisbeth nie może z nim lecieć, ponieważ jej matka właśnie zmarła.

Idąc tropem rozmowy telefonicznej, Mikael dowiaduje się, że Harriet zarządza w Australii dużą firmą odziedziczoną po zmarłym mężu. Mówi mu, że była gwałcona przez ojca i brata, a także wyznaje mu, że zabiła swojego ojca, Gottfrieda Vangera. Martin był tego świadomy: to właśnie skłoniło ją do ucieczki z pomocą Anity.

Harriet wraca do Szwecji i spotyka się z Henrikiem i innymi Vangerami. Henrik prosi Lisbeth i Mikaela, by nie ujawniali niczego na temat Martina.

Sprawa zostaje zamknięta, ale Dirch Frode mówi Mikaelowi, że obiecane informacje o Wennerströmie są nic nie warte, bo są zbyt stare. Mikael i Lisbeth prowadzą więc badania nad Wennerströmem, włamując się do jego komputera. Na nim znajdują kompromitujące informacje. Zespół *Millennium* odkrywa kreta pracującego dla gazety należącej do Wennerströma i wmawia mu, że gazeta źle sobie radzi.

Mikael izoluje się w swoim domku letniskowym i zaczyna pisać w tajemnicy, zanim ujawni swój rękopis Erice. Razem przygotowują się do opublikowania tekstu o Wennerströmie. Lisbeth kontynuuje swoje badania nad finansistą. Kiedy artykuł zostaje opublikowany, sprawa staje się rządowa: wszyscy przechodzą na stronę dziennikarki. Wennerström ucieka i kilka miesięcy później zostaje znaleziony martwy w Hiszpanii. Mikael mówi Henrikowi, że rezygnuje z pisania historii jego rodziny.

Po pożyczeniu pieniędzy od Mikaela, Lisbeth udaje się do Zurychu i przeprowadza transakcje w kilku bankach, używając fałszywych tożsamości. Niestety, jej przelewy zostają odkryte, a Europol prowadzi poszukiwania. Zdaje sobie sprawę, że jest zakochana w Mikaelu, ale kiedy idzie zadeklarować swoje uczucia, zastaje go z Eriką i postanawia odejść.

STUDIUM POSTACI

MIKAEL BLOMKVIST

Jest on głównym bohaterem powieści. Ma przydomek "Super Blomkvist", w nawiązaniu do superbohatera, dzięki temu, że w wieku 23 lat rozwiązał sprawę i powstrzymał gang uzbrojonych rabusiów bankowych. W wieku 43 lat jest dziennikarzem politycznym i ekonomicznym oraz kierownikiem czasopisma, który założył z Eriką Berger: *Millennium.* Specjalizuje się w reportażach dotyczących korupcji i oszustw w firmach.

Atrakcyjny i powabny mężczyzna, Mikael lubi kobiety i ma wiele romansów. Jest rozwiedziony i jest ojcem 16-letniej córki. Od 20 lat ma również przelotny romans z Eriką Berger.

Człowiek wartościowy i honorowy, przedstawiony jest jako "strażnik solidnej moralności w przeciwieństwie do świata biznesu" (rozdział 2). Jego śledztwa doprowadzają go do dotarcia do sedna sprawy, aby prawda mogła wyjść na jaw. Jest też pewny siebie i dynamiczny, nie zastanawia się dwa razy, zanim pójdzie sam do domu Martina Vangera, aby skonfrontować się z nim po odkryciu jego tajemnicy.

Mikael Blomkvist to alter ego Stiega Larssona: postać ta jest sobowtórem autora. Poprzez Mikaela to sam Larsson wypowiada się i potępia bolączki społeczeństwa.

LISBETH SALANDER

Druga najważniejsza postać w opowieści, Lisbeth, to młoda kobieta w wieku 24 lat o gotyckim wyglądzie, "blada, anorektyczna młoda kobieta, która miała włosy krótkie jak bezpiecznik oraz przekłuty nos i brwi" (rozdział 2).

Niezwykła śledcza, jest wyjątkowo inteligentna i ma pamięć fotograficzną. Pracuje w firmie ochroniarskiej Milton Security, dla której prowadzi osobiste śledztwa. W tej dziedzinie wydaje się być szczególnie uzdolniona dzięki swoim talentom do hakowania komputerów, o których nie wie nikt poza Mikaelem Blomkvistem. Podejrzewa on, że ma ona zespół Aspergera (genetyczny, neurologiczny problem, który wpływa na rozumienie, komunikację i interakcje społeczne, co utrudnia osobie integrację ze społeczeństwem).

Ma złożoną historię psychiatryczną, przez część okresu dorastania przebywała na oddziale psychiatrycznym dla dzieci. Uznana za niekompetentną osobę dorosłą, trafia pod kuratelę administratora. Zostaje zaatakowana i zgwałcona przez swojego drugiego opiekuna, Advokata Bjurmana, na którym się mści.

Jest aspołeczna i nie ufa nikomu. Mieszka sama i woli sama radzić sobie ze swoimi problemami. Wykazuje też wyjątkową wolę i siłę, gdy musi zmierzyć się z napastnikiem.

ERIKA BERGER

Współzałożycielka magazynu *Millennium*, Erika jest kobietą z charakterem, elegancką, pewną siebie i czasami temperamentną. Utalentowana bizneswoman, to ona zarządza magazynem podczas nieobecności Mikaela i zawiera porozumienie z Henrikiem Vangerem, że zostanie on współwłaścicielem *Millennium*. Od 20 lat ma romans z Mikaelem, choć jest mężatką, a jej mąż akceptuje tę sytuację. Bezwarunkowo lojalna wobec Mikaela, pozostaje u jego boku przez cały czas trwania wydarzeń, mimo różnic, które mogą się między nimi pojawić.

HENRIK VANGER

Henrik Vanger, dobrotliwy patriarcha w wieku 82 lat, jest byłym dyrektorem generalnym grupy Vanger, podupadającego imperium przemysłowego, którym zarządzał przez 35 lat. Mimo podeszłego wieku pozostaje potężnym człowiekiem, przyzwyczajonym do manipulacji i negocjacji. Obsesyjnie zainteresowany zniknięciem Harriet, udaje mu się przekonać Mikaela do poprowadzenia rocznego śledztwa, oferując mu mnóstwo pieniędzy, a przede wszystkim obiecując kompromitujące informacje na temat Wennerströma. Nieustępliwy człowiek, nalega, by Mikael kontynuował śledztwo nawet po ataku serca.

HARRIET VANGER

Harriet jest wnuczką Richarda, brata Henrika. Henrik myślał o niej jak o własnej córce i mieszkał z nią przez dwa lata. Inteligentna dziewczyna o silnej moralności, zaginęła, gdy miała 16 lat. Jej ciała nigdy nie odnaleziono, a policja nie znalazła żadnych tropów. Przez 37 lat nikt nie miał od niej żadnych wieści, aż Mikael odnajduje ją w Australii, pod nazwiskiem Anita Cochran, na czele rodzinnej firmy zajmującej się hodowlą owiec. Po tym jak została zgwałcona przez ojca, ostatecznie zabiła go w wieku 15 lat. Wiedział o tym tylko Martin i to on trzymał ją pod swoją kontrolą. To właśnie skłoniło ją do ucieczki.

MARTIN VANGER

Brat Harriet i prezes grupy Vanger, Martin to spokojna i skromna postać, która walczy o przetrwanie w grupie, ale brakuje jej ambicji i nie udaje się jej narzucić jako szefowi firmy: "Sam mężczyzna był mieszanką prostoty, sprytu i ugodowości" (rozdział 10).

Za tym pozornym spokojem kryje się w rzeczywistości brutalna i sadystyczna osobowość. Porywa kobiety i torturuje je w wyposażonym pomieszczeniu w swojej piwnicy, po czym pozbywa się ich ciał. Czerpie przyjemność z posiadania absolutnej kontroli nad życiem i śmiercią człowieka. To jego ojciec, Gottfried Vanger, zapoznał go z gwałceniem i mordowaniem kobiet, gdy miał 14 lat. Zgwałcił również swoją siostrę Harriet, zanim ta zniknęła.

Kiedy zostaje odkryty i ścigany przez Lisbeth, zabija się, wbijając swój samochód z pełną prędkością w ciężarówkę.

ANALIZA

WYPOWIEDŹ O BOLĄCZKACH SZWEDZKIEGO SPOŁECZEŃSTWA

Stieg Larsson wykorzystuje swoją historię do poruszania tematów, które potępiał w swoich dziennikarskich śledztwach, takich jak przemoc wobec kobiet, system kapitalistyczny i nazizm.

Przemoc wobec kobiet

Głównym tematem książki, obecnym już w oryginalnym tytule (który również tłumaczy się jako "*Mężczyźni, którzy nienawidzą kobiet*"), jest potępienie mężczyzn, którzy uważają się za lepszych od kobiet i są wobec nich brutalni. Opowieść jest więc pełna portretów mężczyzn, którzy nienawidzą kobiet: Harald traktuje swoją córkę Cecylię jak "dziwkę", Advokat Bjurman gwałci i torturuje Lisbeth, a Gottfriend i Martin mordują kobiety.

Stieg Larsson akcentuje to potępienie zdaniem na początku każdego rozdziału podającym statystyki dotyczące przemocy wobec kobiet w Szwecji. Na przykład rozdział 1 rozpoczyna się takim zdaniem: "Osiemnaście procent kobiet w Szwecji było w pewnym momencie zagrożonych przez mężczyznę".

System kapitalistyczny

Drugim ważnym tematem, który Stieg Larsson porusza w swojej książce jest kapitalistyczny system Szwecji. Potępia on system gospodarczy i polityczny, który pozwala przemysłowcom bogacić się bez skrupułów poprzez korupcję finansową i oszustwa. Najbardziej oczywistym przykładem jest stworzony przez niego portret Wennerströma, przemysłowca, którego firma rozciąga się na cały świat, a który jest zaangażowany w tworzenie fałszywych firm, handel bronią i pranie brudnych pieniędzy: "Wennström poświęcał się oszustwom, które były tak rozległe, że nie były już tylko przestępstwem – to był biznes" (rozdział 29).

Nazizm

Historia rodziny Vangerów jest dla Stiega Larssona okazją do poruszenia tematu nazistowskiej przeszłości Szwecji i szwedzkich ruchów faszystowskich. Podczas II wojny światowej Szwecja zajmowała niejednoznaczne stanowisko i deklarowała się jako neutralna, jednocześnie współpracując z Niemcami i stosując pewne rasistowskie, nazistowskie prawa. Nazizm był również bardzo rozpowszechniony wśród ludności. Stieg Larsson potępia to, przedstawiając historyczne postaci szwedzkich nazistów, jak Per Engdahl czy Birger Furugård, którzy odwiedzali Richarda, jednego z braci Henrika: "tam poznał Pera Engdahla i innych, którzy byliby hańbą narodu" (rozdział 4).

Stieg Larsson poprzez słowa Henrika nawiązuje również do mało wspominanych wydarzeń historycznych, takich jak wojna zimowa, w którą zaangażowało się wielu Szwedów, aby pomóc Finom przeciwko Związkowi Radzieckiemu.

KONSTRUKCJA OPOWIADANIA

Powieść jest skonstruowana jak policyjne śledztwo. Mało tego, rytm opowieści przyspiesza aż do ostatecznej konfrontacji z mordercą. Stieg Larsson używa dwóch specyficznych technik, aby utrzymać napięcie przez całą historię:

- Naprzemienność postaci. Punkt widzenia opowiadania nieustannie przechodzi z jednej postaci na drugą, co nadaje historii rytm, gdyż fakty z niej wynikające pojawiają się stopniowo. Mikael Blomkvist i Lisbeth Salander są głównymi bohaterami, na których autor się opiera, ale niektóre małe sceny skupiają się na innych postaciach, takich jak Dragan Armanskij czy Cecilia Vanger.

  Historia nadal jest napisana w trzeciej osobie, ale narracja waha się między wszechwiedzą lub zerową ogniskową (kiedy czytelnik zna myśli i wspomnienia bohaterów) a ogniskową wewnętrzną (kiedy rozumiemy rzeczywistość oczami jednej postaci, np: "Blomkvist rozejrzał się. Okna wychodziły na trzy różne strony, a ze stołu kuchennego miał widok na most" (rozdział 8).

- Porządek chronologiczny. Stieg Larsson rozwija swoją historię poprzez chronologiczne sekwencje, podczas których wszystkie postacie rozwijają się w tym samym czasie. Na początku każdej części i każdego rozdziału podaje daty rozpoczęcia i zakończenia sekwencji. Czytelnik czuje się wtedy bardziej zaangażowany w czasowość opowieści.

ANTYBOHATER

Postać Lisbeth Salander posiada kilka charakterystycznych cech, które czynią ją antybohaterem, czyli postacią, która posiada niewiele, lub wręcz żadnych, konwencjonalnych cech bohatera. W tym sensie jest przeciwieństwem Mikaela Blomkvista, który jest przedstawiony jako tradycyjny bohater; uczciwy, odważny i walczący o sprawiedliwość.

- Ma całkowicie nonkonformistyczny wygląd: drobna i chuda, z włosami przefarbowanymi na czarno, ma liczne tatuaże i piercingi, i ogólnie ubiera się jak gotka.

- Jest aspołeczna: nieufna i samotna, woli unikać kontaktu z innymi.

- Żyje za kłamstwami i przykrywkami, ukrywając przed wszystkimi swoją przeszłość i fakt, że jest pod opieką kuratora. Przekonuje też Mikaela, by nie mówił nic o Martinie i pozbywa się niektórych wskazówek.

- Bez skrupułów używa nielegalnych środków, by zdobyć to, czego chce, jak np. włamania do komputera czy telefonu. Nie waha się także wykorzystać swojej wiedzy komputerowej, by przekierować część pieniędzy Wennerströma do swojej kieszeni.

- Czasami bywa brutalna, np. gdy dokonuje zemsty na Advokacie Bjurmanie lub gdy bije Martina: "Dopóki Blomkvist żyje, nigdy nie zapomni jej twarzy, gdy przechodziła do ataku. Jej zęby były wyszczerzone jak u drapieżnej bestii" (Rozdział 24).

DALSZA REFLEKSJA

KILKA PYTAŃ DO PRZEMYŚLENIA...

- Dlaczego można powiedzieć, że Mikael Blomkvist to alter ego Stiega Larssona?

- Czy *"Mężczyźni, którzy nienawidzą kobiet"* jest powieścią autobiograficzną? Uzasadnij swoją odpowiedź.

- Do jakiego gatunku literackiego należy według Ciebie *Mężczyźni, którzy nienawidzą kobiet*?

- Jak myślisz, dlaczego Stieg Larsson wybrał na tytuł swojej powieści *Mężczyźni, którzy nienawidzą kobiet?* Co może oznaczać ten tytuł?

- W jaki sposób postać Lisbeth jest antybohaterem? Czy znasz innych antybohaterów?

- Czy można powiedzieć, że *"Mężczyźni, którzy nienawidzą kobiet"* to powieść donosicielska? Dlaczego?

- Co symbolizuje postać Wennerströma?

- Do czego służy prolog? Czy autor mógł go przeoczyć?

- Powieść ta doczekała się dwóch adaptacji filmowych. Czy portretują one każdy aspekt twórczości Larssona?

- Jak myślisz, co tłumaczy sukces trylogii Larssona?

DALSZE CZYTANIE

WYDANIE REFERENCYJNE

Larsson, S. (2008) *Mężczyźni, którzy nienawidzą kobiet.* Tłum. Keeland, R. New York: Alfred A. Knopf, Inc.

Oryginalny tytuł dzieła w języku szwedzkim brzmi *Män som hatar kvinnor*, co można przetłumaczyć dosłownie jako *Mężczyźni, którzy nienawidzą kobiet.* Angielski tłumacz zdecydował się jednak na zmianę tytułu na *Dziewczyna z tatuażem.*

ADAPTACJE

Millennium: Mężczyźni, którzy nienawidzą kobiet (The Girl with the Dragon Tattoo) (2009) [Film]. Niels Arden Oplev. Reż. Szwecja: Yellow Bird.

Dziewczyna z tatuażem (The Girl with the Dragon Tattoo) (2011) [Film]. David Fincher. Reż. USA: Columbia Pictures.

Chcemy usłyszeć od Ciebie, co się dzieje!
Zostaw komentarz na temat swojej internetowej biblioteki
i podziel się swoimi ulubionymi książkami w mediach społecznościowych!

www.50minutes.com

Master ISBN: 9782808695220
Papierowy ISBN: 9782808616621
Depozyt prawny: D/2023/12603/1942

Verhaal: © Primento

Projekt cyfrowy: Primento, cyfrowy partner wydawców.

.